¿Las riquezas están mal repartidas?

Emilio Martínez Paula

¿LAS RIQUEZAS ESTÁN MAL REPARTIDAS?

ALEXANDRIA
LIBRARY
PUBLISHING HOUSE
MIAMI

¿Las riquezas están mal repartidas?

Contenido

A manera de prólogo

ESCRIBIR UN LIBRO no es poca cosa, por lo menos para mí. Además hacerle el prólogo me pone en aprietos. Pero lo intentaremos. El tema sobre si las riquezas están bien repartidas es muy discutido. Nosotros creemos que las riquezas están bien repartidas y si no fuera por los ricos, el mundo viviría en la mayor miseria. Como hemos dicho, los que gritan que las riquezas están mal repartidas es para ganar el voto en sus aspiraciones a cargos importantes como los de senadores, representantes o presidente de un país.

Pero generalmente cuando ganan el puesto se olvidan de sus votantes, o le imponen una dictadura.

Además los que creen que las riquezas están mal repartidas que se dediquen a crearlas y las compartan, no que pretendan repartir las riquezas de otros.

Los que se hacen ricos es porque han creado un mundo mejor. Lo cual se puede apreciar con la lectura de este libro, donde planteamos que para que la sociedad progrese tiene que existir la iniciativa privada, la propiedad privada. Un dentista tiene que tener una oficina donde atiende a sus pacientes, lo mismo que un médico tiene su consulta. Un abogado su bufete. Un hombre de negocios su oficina. Los dueños de negocios un local donde puedan vender su mercancía. Nada de estar obligado a trabajar para el estado. En mi libro sobre la conquista de México, titulado *El Drama de México ¿CUAUHTÉMOC O CORTÉS?*, el prólogo estuvo a cargo del Dr. Odón Betanzos Palacios, Director de la Academia Norteamericana de la Lengua Española, excelente persona, hombre de gran talento. Por cierto que este libro se reprodujo en México en varias ediciones.

Otro de mis libros *"Momentos Estelares en la Historia de Cuba"* el prólogo lo escribió Julio Ferreiro Mora, Secretario de la Academia de la Historia de Cuba y periodista de muchos méritos.

No podemos ignorar la visita del papa Francisco a Cuba y a los Estados Unidos, a donde trajo un mensaje para fortalecer la fe religiosa, el cristianismo, logrando reuniones multitudinarias y ser aclamado por millones de personas, y su bondad en detenerse para besar a los niños.

Este es el Papa más Papa de todos los Papas.

Aunque su santidad Francisco cometió numerosos errores en su visita a Cuba, como ignorar a los disidentes, permitir que a un grupo de jóvenes cubanos, que gritaban ¡libertad, libertad! que se le acercaron para entregarle unos panfletos, fueran tirados al piso por sus guarda espaldas, lo que aprovechó la policía de la tiranía para golpearlos y llevárselos presos. El

Papa guardó silencio. Más tarde dijo que no había visto nada, lo que nos cierto, pues todos vimos lo que ocurrió y él también.

Sin embargo aunque esto hace este prólogo una columna de combate, el que Francisco visitara a Fidel Castro, asesino y ladrón y le llevara un regalo, me pareció lamentable y miserable conducta. En su viaje a los Estados Unidos hasta se reunió con presos comunes, pero en Cuba ni siquiera se atrevió a eso, y mucho menos preocuparse por los presos políticos, ignoró a las Damas de Blanco, que recorren las calles de La Habana y otras ciudades pidiendo libertad para los presos políticos encarcelados injustamente, entre los que se encuentran los padres de sus hijos. Y aunque el presidente Obama lo quiere ignorar, él sabe que las Damas de Blanco son golpeadas y encarceladas por unos días, las obligan a meterse en un autobús y luego las dejan abandonadas en un lugar remoto para que pasen momentos desagradables para regresar a sus casas, pues las respetan y las temen, porque las Damas de Blanco tienen el apoyo y la simpatía de todo el pueblo, aunque hay veces que ordenan que sean golpeadas por mujeres y hombres que son esbirros de la tiranía para la que trabajan por dinero.

Por supuesto lo que es obligación de este prólogo, comentando sobre si las riquezas están bien distribuidas, es porque su santidad dijo que el sistema capitalista es la causa de la miseria en mundo, lo cual es falso de toda falsedad.

Esto lo sabe Francisco. Los países donde se ha desarrollado el sistema de libre empresa, si quieren los pueden llamar capitalistas, son donde se vive mejor y donde los derechos humanos más se respetan.

Además, *¿Quién es más capitalista que el papa Francisco?*

El Vaticano es la sede de una de las actividades más productivas del mundo, las iglesias, en las que colectan millones de dólares y pesos.

Los Estados Unidos posiblemente sea el país donde más millonarios y gente rica mueven el mundo. Además los Estados Unidos de América es el país que más ha hecho por el resto del mundo, tanto en la creación de medicinas, como en la forma de repartir las riquezas, pues aquí es donde se pagan los salarios más altos a los trabajadores y el salario mínimo obliga a las empresas a pagar un sueldo mínimo más justo a los obreros.

En los sistemas altamente desarrollados, la libre empresa y los negocios son las bases de riquezas para todos.

Como se destaca en este ensayo, los que han acumulado riquezas es porque han hecho un gran bien a la humanidad, creando sistemas como los aparatos acondicionadores de aire para combatir el calor veraniego, sistemas de calefacción para enfrentar el rudo invierno. Fabricando automóviles a precios muy económicos, y creando trabajos donde miles de hombres ganan salarios de treinta y más dólares la hora.

Otro punto interesante que debemos analizar, es que cuando una persona adinerada se compra una casa o la manda a fabricar, ganan dinero los que trabajan en la construcción del inmueble, los que venden los ladrillos y los materiales para la construcción, lo mismo cuando se compran un yate, un avión privado, lo que también lo hacen los artistas cuando la fama les ha proporcionado fortuna.

Hay hombres de negocios que se dedican a fabricar casas para venderlas y esa es la forma normal de que en los Estados Unidos todos pueden conseguir el "sueño americano" la casa propia, que dicho sea de paso nunca llegar a ser "nuestra casa" pues si no pagamos los impuestos cada año la podemos perder. Sin embargo gracias a los milagros del sistema capitalista, después de vivir 20 ó 30 años en "nuestra" casa, un día nos encontramos que los que cobran los taxes te envían un aviso en el que te informan que la casa vale 15 mil dólares, pero el terreno cerca de un millón, pues en el barrio se han construido mansiones de uno y dos millones de dólares y la propiedad vale cuatro veces más que hace veinte o treinta años. Y te aumentan los impuestos. Pero, ¡oh milagros del sistema capitalista! cualquier vecino vende su casa, lo que no deja de ser triste abandonar la casa donde crió a su familia y ha envejecido, pero puede comprar una casa en otro lugar a buen precio y con el sobrante del dinero dedicarse a practicar el turismo y conocer el mundo, que es otra forma de repartir la riqueza, si la salud le alcanza.

Ahora sí vamos a poner punto final a este prólogo, pero antes queremos recordar que en algún capítulo de este hay una forma muy clara de demostrar cómo cualquiera puede acumular riqueza: cuando el ser humano andaba en pequeños grupos, cuando iban organizando la tribu, se estacionaban en un lugar donde los árboles frutales y la caza les permitía vivir mejor. Estaban rodeados de inmensos valles y terrenos. La tierra estaba lista para ser explotada, y estaba al alcance de todos, y algunos se las arreglaban para apoderarse de buenos terrenos, "cercar" "sus tierras" y declararse dueño de ellas, lo que a casi nadie le importaba, pues era evidente que las buenas tierras sobraban. El que se había apoderado de buenas tierras, como hacendado, también, además de sembrarlas con vegetales y otros alimentos, en vez de cazar animales para comérselos, los cazaba y los domesticaba y los cuidaba para que se pudieran reproducir, ya sean pequeñas aves, como gallinas y gallos, o cualquier animal, y las gallinas le daban huevos y se reproducían y podía vender sus descendientes.

Andado el tiempo, lograba tener "campesinos" que trabajaban en su "hacienda" y, mientras los otros que junto con él formaron parte de la tribu vivían al día y con el tiempo vieron que los que se habían dedicado al cultivo de las tierras eran ricos y les vendían alimentos a los otros.

Este es uno de los argumentos que usamos para que se pueda ver cómo es que las riquezas se producen en forma natural y gracias al esfuerzo de los que trabajan con un plan en mente.

Bien, nos gustaría que los lectores nos dieran su opinión sobre este libro, para rectificar nuestra opinión.

¿Las riquezas están mal repartidas?

A MENUDO SE REPITE que las riquezas están mal repartidas. Y que por eso hay ricos y pobres. ¿Es cierto? Es un tema que no se ha discutido o, si se quiere, no se ha estudiado con cuidado. Sin embargo se ha usado para que los candidatos a puestos públicos, como la Presidencia de un país, la Cámara y el Senado, digan en muchas ocasiones que hay que repartir las riquezas, pues no es justo que haya pobres y ricos.

Claro que todo esto se lograría, según dicen los promotores de estas ideas, si ganan el voto de la mayoría, pero una vez dueños del poder las cosas cambian, como ocurre en estos momentos en algunos países como, Ecuador, Bolivia, Guatemala, Venezuela, donde los que controlan el gobierno, adquirido por el voto del pueblo, ahora maniobran para cambiar la constitución y perpetuarse en el poder, ignorando a los que los eligieron para presidir el país, y quieren imponer un sistema, socialista, que ha destruido la economía en Venezuela uno de los países más ricos del mundo, donde con el socialismo del siglo XIX no hay alimentos ni medicinas para todos. Lo mismo que le ha pasado a

Cuba que era un país ganadero y cuando la población de Cuba era de seis millones de personas, había doce millones de cabezas de ganado. Cuba era la azucarera del mundo, con más de 160 centrales azucareros. Hoy tiene que exportar hasta el azúcar, y en general, mientras los Castro son millonarios, el pueblo pasa hambre.

Así mimo se han ideado planes con la intención de lograr un mundo donde todos logren vivir lo mejor posible, sin que unos tengan más y otros menos. Todo lo cual no ha dado los resultados apetecidos, al contrario, ha creado sistemas monstruosos como los que han producido las teorías marxistas, y otras parecidas, que han esclavizado pueblos y permitido que un hombre, mediante el culto a la personalidad, tenga poder de vida y muerte sobre los ciudadanos, asesinando a los opositores, y destruido naciones para mantenerse en el poder o dejar un sistema totalitario gobernado por un partido comunista y un grupo de dirigentes que viven en la opulencia, mientras la mayoría vive en la miseria, como pasa en Cuba, Corea del Norte, Rusia, China y otros países comunistas.

Algo definitivo, que nunca se tiene en cuenta, lo que "es el hombre": un animal como otro cualquiera impulsado por la necesidad de comer dos o tres veces al día, el sexo y las ambiciones. Claro que un poco más inteligente que perros y gatos y algunos más inteligentes que otros, pero el promedio de la capacidad mental de la mayoría es mediocre. Y como se ha dicho, contra la estupidez de los hombres ni los dioses pueden.

Mientras que los trabajadores de una empresa piensan en mejorar sus salarios, ganar más, cuando se retiran a su casa tienen "preocupaciones" que son principalmente los problemas económicos, o sea cubrir gastos para mantener su familia. Más las pequeñas disputas de todas las familias.

Mientras los dueños de negocios tienen las mismas preocupaciones, es decir cuidar su familia, a lo que podemos agregar las noches que no pueden conciliar el sueño si los negocios no andan bien.

Hasta estos momentos los países que más riquezas y libertades producen son las democracias, donde la economía se rige por la libre empresa, como en los Estados Unidos. Y el hombre es libre de expresar sus ideas, se respetan los derechos humanos.

Esto debe ser sometido a estudios, pues desde que el hombre comienza a filosofar, en la antigua Atenas, hace miles de años, y a pensar sobre los problemas de un mundo desigual donde unos tienen mucho o suficiente para vivir cómodamente, otros viven en la miseria, y la extrema pobreza y nada de esto se ha podido cambiar.

También se ha planteado la necesidad de que cada familia compuesta por el padre la madre y los hijos vivan adecuadamente y que puedan progresar, con una vida normal y que todos tengan la misma facilidad para estudiar y hasta poder ir a disfrutar de los estudios superiores que les permita ser profesionales, médicos, abogados etc. Esto se puede lograr si los interesados se proponen hacerlo, en forma democrática, por medio de decisiones de la mayoría. Si estudian bajo el criterio de los gobernantes, en las dictaduras, donde para ir a la universidad hay que militar en el Partido Comunista, como en Cuba, los médicos en particular y todos los profesionales en general, terminan siendo esclavizados por la tiranía.

Aquí caemos en otras interrogantes, ¿qué pasaría si todos se hacen profesionales y hombres de negocios, quiénes tendrán que hacer los trabajos, tal vez menos pagados y más duros, como trabajar en la construcción de viviendas, arreglar calles y carreteras, recoger la basura y otros trabajos por el estilo? Por ahora, dejaremos al lector que piense en resolver este posible problema, que seguramente lo resolverá.

De paso creemos que los que quieran estudiar carreras universitarias, Medicina, leyes, Ingeniería, deben pagar sus estudios, pues no es justo que se preparen para ganar más dinero con los impuestos que pagan las mayorías. Por supuesto deben recibir ayuda del gobierno en forma de préstamos que después tengan facilidades para pagarlos.

En las teorías para hacer un mundo mejor hay muchas mentiras y mucha demagogia. Sobre todo cuando se afirma que la causa de que haya pobres se debe a que los ricos los explotan. Ese es parte de los temas que tratamos de estudiar. Por supuesto que hay muchos propietarios de negocios que explotan a los trabajadores lo más posible pero las leyes pueden corregir esos casos, imponiendo los salarios mínimos adecuados que debe dar al trabajador el mejor salario posible, que es el dinero que corre de mano en mano rápidamente, y mantiene a la economía vigorosa.

Por lo regular el que se dedica a los negocios no lo hace con la idea de dar una parte igual de las ganancias a los trabajadores, lo hace pensando en ganar lo más posible, para tener mejor vida, mejor casa y hacer a su familia feliz. De lo contrario no tiene porqué luchar y trabajar más. Los que creen que eso no es justo, pues deben dedicarse a poner negocios y partir las ganancias en partes iguales con sus trabajadores. Los Partidos Comunistas logran acumular millones de pesos que dedican a mantener al Partido y a sus dirigentes, organizar actos de protesta sobre todo lo posible, aunque no tengan razón. Para colmo, siempre hay ingenuos que donan dinero a los partidos comunistas, entre ellos algunos ricos que piensan que si el comunismo alcanza el poder les tendrán cierta consideración, o que ellos podrán ser parte de la tiranía marxista.

Teniendo en cuenta que los hombres de negocios son los que crean empleos y que en los países donde no hay hombres de negocios no hay riquezas que repartir, por estas razones Rusia y China países comunistas y de dictaduras brutales, permiten ahora la iniciativa privada y a los hombres de negocios y hasta hay algunos millonarios en esos países, donde no existe la libre emisión del pensamiento y en general hay pobreza extrema en regiones remotas.

Por eso permiten que haya "hombres de negocios" para que llegue el dinero a los bancos, pues sin esto no hay forma de acumular riquezas ni distribuirlas.

Cuando se habla de que no hay una justa repartición de la riqueza es parecido a pensar que no es justo que haya personas altas y otras "bajitas". Que no es justo que haya mujeres bellas y otras feas y sin gracia, que no es justo que haya hombres bien parecidos y atléticos y otros todo lo contrario, pero ¿de quién es la culpa?

Así mismo se podría argumentar que no es justo que haya seres muy inteligentes y, como la mayoría, menos inteligentes e incapaces. Parte de la solución para desarrollar la inteligencia es estudiar, leer los periódicos, que es la historia de cada día, pues el cerebro, que es el órgano del pensamiento y la inteligencia, se perfecciona con el estudio, pensando. Y cualquiera que estudie y lea, puede alcanzar una inteligencia superior.

Primero vamos a intentar darnos una idea de cómo se han ido formando las comunidades humanas, de cómo el hombre, los seres humanos, desde los primeros momentos en que se agruparon en pequeñas tribus que se comunicaban con un lenguaje primitivo y más o menos vivían juntos y tenían un jefe y se repartían lo que encontraban entre todos, aunque tal vez algunos comían más que otros. Como siempre los más fuertes y desconsiderados cogían la mayor parte.

Un poco de historia

EN LOS PRIMEROS MOMENTOS eran nómadas. Cuando agotaban un paraje, seguían camino hasta encontrar otro con suficiente comida, vegetales o frutas o podían cazar animales. Pero cuando en una zona podían vivir, se mantenían allí y se formaba la tribu, con un jefe, el más fuerte y audaz, entonces aparecía también el sacerdote, generalmente una persona de más edad, serio, y cuando había problemas él daba ánimo a todos. Por ejemplo si la tribu dependía de la comida que sembraban y había una sequía que amenazaba con acabar con los sembrados, el sacerdote reunía a todos y señalando al cielo les pedía que oraran pidiendo soluciones al dios de la lluvia, dios que posiblemente acababa de inventar. Sacrificaban algunos animales y todos comiendo y bailando, esperando que callera un aguacero, se sentían mejor. Si llovía, el sacerdote fortalecía su personalidad, de lo contrario, si era un hombre de carácter, inventaba otros pretextos. Siempre mejoraba la situación. Y se le seguía considerando sacerdote, aunque no siempre lo llamaban así. Otro personaje fundamental de la tribu era el curandero, al que sus padres le han comunicado que hay ciertas yerbas que ayudan a curar ciertas dolencias, que ayudan a la digestión o a mejorar a la persona que no se siente bien. Con el tiempo el curandero se convierte en el médico, aunque, algunas veces, también adquiere mala fama, como persona que puede hacerles daño a otras, con hechizos, con brujerías. En estos grupos en algún momento había algunos que ante la despreocupación de la mayoría, se disponían, en épocas donde lo que sobraban eran las tierras, en cercarlas en alguna forma y criar animales, generalmente pequeños, como pollos, gallinas que les producían huevos, que se reproducían. Y trabajaba intensamente, cultivando "sus tierras". Lo que los hacía un tanto acaudalados. Y con el tiempo vivían mejor que los otros, que los envidiaban, y hasta les vendían productos de la tierra y parte de los pollos y gallinas, o los huevos, y si su negocio prosperaba, contrataban hombres para que trabajaran en sus predios.

Es una tontería pretender hacer un recorrido desde esos siglos hasta el presente, pues sería larga historia, que terminaría en un libro de miles de páginas, además todos sabemos que estamos en los últimos momentos de la historia, que el pasado quedó atrás y que el presente es complicado y que vivimos los momentos más peligrosos que ha vivido el ser humano, los peligros que nos amenazan, como esta tercera guerra mundial que es el terrorismo y los odios religiosos en un mundo en que la guerra con armas atómicas nos amenaza a todos.

Sin embargo me parece importante que podamos repasar con cuidado el periodo histórico que se sintetiza con el nombre de la Revolución Francesa, que fue el cambio político más importante que se produjo en Europa terminando el siglo XVIII. Esta revolución significó el triunfo de un pueblo oprimido cansado de las injusticias y de los privilegios que disfrutaba la nobleza feudal y de un estado absolutista. Bajo el reinado de Luis XIV Francia se encontraba bajo el dominio de una monarquía absolutista que se hallaba en una situación económica precaria, que se agravó bajo el desastroso gobierno de Luis XV y que tocó fondo durante el reinado de Luis XVI, que tenía buenas intenciones, pero era débil de carácter, e incapacitado y tan indeciso que a los pocos meses de casado con la reina María Antonieta, esta se quejó con su madre que pasaba el tiempo y el matrimonio no se había consumado, lo que obligó a su cuñado a pedirle una entrevista al rey y llegaron a descubrir lo que impedía al buen Luis de penetrar a su esposa, era el pene con la cabeza cubierta, lo que se corrigió con una sencilla operación. Pero esto es un tanto baladí, lo definitivo es que la Revolución Francesa cuando llegó el momento de decidir la forma del gobierno, la alta burguesía apoyó a los girondinos que planeaban llegar a un acuerdo con la monarquía e instaurar una monarquía constitucional, es decir una actitud moderada para propiciar los cambios políticos. A su vez los jacobinos que tenían ideas de cambios más radicales exigían una república democrática, con derecho a la participación política y la aplicación de medidas más equitativas para la repartición de las riquezas y luchar contra el hambre y las miserias del pueblo, en lo que no se contaba ni con la nobleza ni con los ricos ni con la iglesia.

Los diputados de la Asamblea decidieron eliminar los privilegios de la nobleza, se le obligó a pagar impuestos y se eliminó el diezmo a la iglesia, que recibía el 10% de lo que los campesinos producían. Es decir la Iglesia los explotaba.

La revolución Francesa aprueba la Declaración de los Derechos del Hombre y el Ciudadano, basado en tres puntos básicos: Igualdad, Fraternidad y Libertad. Propiciaba la defensa de la propiedad privada, y la igualdad del ciudadano ante la ley.

Poco después se proclama la Constitución de carácter moderado, en donde la alta burguesía logra hacer prevalecer sus ideales de negociar con el antiguo régimen, quedando a cargo del poder ejecutivo el rey Luis XVI, y el poder legislativo lo formaba la burguesía y el poder judicial lo formaban jueces elegidos. Aquí conviene definir:

Burguesía: Clase social formada por personas que disfrutan de una posición social cómoda y con bastantes medios económicos.

El final de la Revolución Francesa lo precipita las ambiciones de algunos de sus líderes y se convirtió en un sistema que utilizó la guillotina, para cortar cabezas, entre otras las del indeciso Luis XVI, la de la reina María Antonieta y a muchos más y de paso al doctor

Guillotín, inventor de la guillotina que lleva su nombre, al talentoso Dantón, al "incorruptible", Robespierre, cruel y ambicioso, que trató de suicidarse, tratando de que le explotara una bala en la boca, pero herido fue llevado al patíbulo y guillotinado. Por cierto que es posible imaginar que a los que les cortan la cabeza, mientras esta cae en el cesto, es posible que puedan ver, unos segundos, dónde ha caído su cabeza.

Entre los militares que apoyaban al Directorio se encontraba Napoleón Bonaparte, que había nacido en Córcega y que cuando llegó a Francia no hablaba francés y que al fin con un golpe militar consiguió tomar el poder.

Poco después se coronó Primer Cónsul, apoderándose cada vez más del poder hasta llegar a ser Emperador en 1804, con el apoyo de la burguesía ya que conservó muchos de los principios declarados en la Constitución e impedía el regreso de la república Jacobina, radical y autoritaria y del antiguo régimen aristocrático. Pero los principios fundamentales de aquel formidable estallido en busca de libertad, igualdad y fraternidad, aún están vigentes y se respetan en las grandes democracias.

Por supuesto que los interesados en estudiar este cambio político conocido como La Revolución Francesa no se pueden conformar con estos ligeros comentarios, y deben estudiar a fondo este formidable proceso que cambió el pensamiento de la humanidad.

Un poco de economía política

PARA VOLVER AL TEMA de la justa repartición de la riqueza, que es un asunto que me gustaría discutir, y cambiar impresiones con mis lectores, por si en otros momentos tenga que modificar mis opiniones, producto de mis estudios de las ciencias políticas y las lecturas de todos los que en algún momento pensaron en que había que cambiar el sistema "de libre empresa" que equivocadamente llaman "capitalismo", donde hay hombres muy ricos, otros pobres y otros muy pobres y propusieron que habría que crear "el hombre nuevo", y otros sistemas basados en ideas tan absurdas como "la dictadura del proletariado", para imponer el comunismo. O el sistema anarquista. También debe llamar la atención las teorías de gente como Carlos Marx, "vago de bibliotecas", que llegaba a la biblioteca de Londres antes que los empleados, y pasaba allí el día leyendo o dormitando. Que nunca trabajó, vivió a cuentas de amigos, en particular de Engels. De paso recordemos que la hija de Carlos Marx, y su marido el cubano Pablo Lafargue, se suicidaron, acosados por la miseria, sin que su padre se ocupara de ella.

Es cierto que Mark aseveró: *"Lo único que sé es que no soy marxista"* Y Engels dijo: *"Han hecho de nuestra teoría un dogma único de salvación, pero sus teorías sobre una sociedad organizada con la base de la "dictadura de proletariado" no tenía base científica y nunca ha dado ninguna solución que se considere racionalmente aceptable".*

Según nuestro saber y entender el marxismo es una ideología "fría" que su fracaso es evidente, y que en países como Rusia, China, Cuba y Corea del Norte, donde imperan las ideas comunistas, aunque con diferentes nombres, por solo mencionar los más peligrosos, aunque han logrado ser potencias militares, el pueblo vive en la miseria, mientras que los líderes viven en la opulencia, en mansiones de lujo.

En los países comunistas los pueblos viven bajo el terror y la extrema miseria, haciendo énfasis en Corea del Norte, donde el máximo líder Kim Jong Aún mantiene el poder bajo un terror alucinante, ordenando asesinar, en forma increíble, a cualquiera con argumentos insostenibles, como cuando acusó al hermano de su madre, su tío, Jong Song Thaerk, de que tenía ideas capitalistas, que le gustaba el dinero y las mujeres. Lo encerró y más tarde dejó que una jauría de perros hambrientos se lo comieran vivo.

Al jefe del ejército lo mandó a fusilar en forma brutal y pública porque en una reunión se quedó dormido. Este sujeto, una de las tantas figuras que tienen absoluto poder para asesinar a cualquiera de los habitantes de su país, tiene bombas atómicas y capacidad para dejarlas caer en los Estados Unidos, y recientemente ha dado a conocer que se propone aumentar su poderío nuclear con más armas atómicas.

No podemos dejar de señalar que entre los pueblos más explotados por el sistema comunista están China, Rusia, Corea del Norte y Cuba, donde los líderes viven en la opulencia y encarcelan o asesinan a cualquiera que se les oponga.

Aquí estoy haciendo algunos comentarios sobre los principios de este complicado y complejo asunto, de la repartición de las riquezas pues, como ya hemos dicho, muchos políticos usan ese tema para ganar el voto de los menos favorecidos en la vida, que viven con más trabajo y ganan menos dinero.

Pero la culpa de que ellos tengan menos ingresos y vivan pobres, o bordeando la pobreza, no es culpa de los ricos, al contrario, si no fuera por los que acumulan riquezas, los pobres vivirían peor. Veamos:

Vamos a acercarnos al problema, a ver si encontramos una respuesta justa. De paso trataremos superficialmente, por ahora, de cómo es la política, no de cómo deseamos que sea o consideramos que debiera ser. La política es como es aunque ha evolucionado siglos tras siglos y en estos momentos podemos contemplar que hay sistemas democráticos en los Estados Unidos, Francia, Alemania, Inglaterra, con leyes precisas, y en otros países que se consideran democracias, pero no tan eficientes.

Organización de la sociedad

LA SOCIEDAD ESTÁ ORGANIZADA sobre la base de desigualdad: los pocos toman las decisiones que afecta a los muchos. Que la política es la lucha por el poder.

Que todas las ideas sobre cómo mejorar y hacer más justo el sistema de vida se ha intentado con diversas teorías:

Anarquismo: tendencia y movimiento político que defiende la libertad de la personas y propugna la desaparición del Estado.

Comunismo: Sistema Político y económico que lucha por una organización social donde no exista la propiedad privada y donde los bienes sean comunes, basado en "la dictadura de los trabajadores", lo que en la práctica es la dictadura de los que se apoderan del poder, so pretexto de poner orden y los trabajadores son esclavizados, como en Rusia, China, Cuba, mientras que los que ocupan el poder viven en la opulencia, en buenas casa y con toda clase de lujos.

En definitiva los sistemas antes mencionados han fracasado, y, con todos sus defectos, el sistema de libre empresa, el mal llamado capitalismo, es el que más riquezas y libertades produce. Ejemplo, el modo de vida de los Estados Unidos, al que muchos critican, pero todos tratan de venir a vivir aquí. En los países donde cada cual puede poner negocios y ganar más dinero, todos tienen la misma posibilidad de vivir mejor, si tienen capacidad para ello. Y cuidan su economía. Si ahorran. Basta recordar que todos los seres humanos nacen desnudos y pobres. ¿Por qué muchos logran ser ricos? Esto nos obliga a pensar.

Los que hemos estudiado las ciencias políticas sabemos que la sociedad está organizada sobre una base de desigualdad. Repetimos, los pocos toman decisiones que afectan a los muchos. La política es competencia por el poder. Que no existe un compromiso para acabar con la pobreza, posiblemente porque la mayoría de la gente no es capaz de salir adelante por cuenta propia y esperan que otros le consigan un trabajo para ganar dinero para tratar de cubrir sus necesidades, olvidando que en cualquier parte del mundo hay tierras vírgenes donde se puede iniciar una vida llena de plantas y animales salvajes. Por supuesto no hay luz eléctrica y mucho menos televisión.

Ahondando sobre el tema, recordamos que en los mil ochocientos hubo una serie de reuniones en Londres, Inglaterra, en las que se discutió si el socialismo era mejor que otros sistemas, para acabar la pobreza, a las que asistieron destacados intelectuales y economistas. José Martí, que estuvo muy al tanto de los que allí se discutió llegó a la conclusión *"de que el socialismo nos impondría la esclavitud"*. Y apuntó: *"Dos peligros tienen las ideas socialistas, como tantas otras: el de las lecturas extranjerizas, confusas e incompletas, y el de la soberbia y la rabia disimulada de los ambiciosos, que para ir levantándose en el mundo empiezan por fingirse, para tener hombros en que alzarse, en frenéticos defensores de los desamparados"*.

También señaló:

"Con los pobres de la tierra quiero yo mi suerte echar".

Martí siempre consideró que la fortuna ganada honradamente era legítima y necesaria para que la sociedad funcionara bien, aunque también llamó la atención sobre que los que gobiernan un país, y a todos los más capacitados, tenían que buscar soluciones para que la " clase media" y si es posible más bien alta, se extienda y alcance a todos.

Martí también se preocupó de los comunistas radicales que no se conocían bien en su época, y dijo: *"Carlos Marx ha muerto, como se puso del lado de los pobres merece respeto, pero sus cantos no eran de paz y andaba siempre en la sombra"*. Es decir, aunque Martí murió unos 22 años antes de que el comunismo se apoderara de Rusia en 1917, intuyó que sería un sistema brutal, pues desde ese 1917 a la fecha, el pueblo ruso no ha sido libre ni un solo día.

No obstante, la tiranía implantada en Cuba por los hermanos Castro enseña en las escuelas y en las universidades que Martí era socialista, que es el autor intelectual de los discursos de Fidel Castro, uno de los hombres más ricos del mundo, que para mantenerse en el poder ha asesinado más de cuatro mil seres humanos.

Ampliando sus palabras, Martí no encontraba soluciones ni en Saint-Simon, ni en Karl Marx, ni en Marlo, ni en Bakunin, anarquista que se enfrentó a Carlos Marx.

Refiriéndose a los Estados Unidos, dijo: *"he vivido en el monstruo y conozco sus entrañas"*, pero así mismo le dedicó grandes elogios. En los momentos en que Martí atacó a los Estados Unidos esta nación conspiraba para apoderarse de Cuba, y evitaba que los cubanos pudieran organizarse para lograr la independencia.

Como señala Jorge Mañach en la biografía de Martí: *"no sé de nadie que haya escrito elogios más justos ni más cálidos que los suyos sobre los valores y figuras de la vida norteamericana"*.

Para seguir con pasos que nos faciliten el camino, hay que retroceder en el tiempo y repasar la historia de la "ideas políticas", de lo que se pensó hace algunos años.

Cuando hablo con algunos escritores e intelectuales, me doy cuenta de que no tienen idea de lo que es y significa la palabra política. Deberíamos iniciar el recorrido, el aprendizaje de lo que se pensó en el pasado

-hace cientos de años o más- acerca del presente, partiendo del principio de que la ciencia política es una genuina ciencia, que no se limita a tratar de ser una ciencia exacta, pero en cierta forma lo es.

Ahora debemos preguntarnos otra vez: ¿Las riquezas están mal repartidas? que es la pregunta inicial de este trabajo. El propósito de este ensayo es instar al lector a determinar por sí mismo. A desechar y descartar los dogmatismos.

Un poco de Ciencias Sociales

NO PODEMOS SER tan inconsecuentes y decir que las riquezas están bien repartidas, que lo que está mal repartida es la inteligencia, aunque hay algo de esto, pero hay gentes muy inteligentes que no son ricos y gente con un promedio de inteligencia normal, mediano, que llegan a ser muy ricas. Por lo tanto podemos pensar cosas interesantes como que hay países muy pobres y allí hay gente muy rica, como en México de hoy donde miles de seres humanos que viven en la miseria y sin embargo en este país viven hombres muy ricos, y uno de ellos, considerado uno de los más ricos del mundo.

México lo tiene todo y nada justifica la miseria. Tiene petróleo y tierras fértiles y recibe una catarata de millones de dólares que envían los mexicanos que viven en los Estados Unidos y en otras partes del mundo. Algunos comentan que los gobiernos que ha sufrido México son los que han dilapidado sus riquezas o más bien han robado los dineros del pueblo, pero nosotros no tenemos pruebas, si no las diríamos aquí tranquilamente. O, lo contrario, que hay países muy ricos, como los Estados Unidos, donde hay gente muy pobre.

Analizar esta situación es muy complicado, pero podemos pensar que hay personas que no se preocupan de saber si ellos pueden tener una familia con ocho o diez hijos, sin meditar que no tienen capacidad para poder darles una adecuada alimentación, y una adecuada educación a sus hijos. Son gente, por lo general, con un coeficiente de inteligencia inferior. O muy descuidados.

Claro que todos tienen derecho a vivir mejor y para eso los que gobiernan un país y las llamadas "clases vivas" integradas por los más dotados y afortunados, por Senadores y Representantes, y los Presidentes de los países, deben procurar que el llamado salario mínimo, como ya hemos dicho, sea suficiente para mantener una familia normal, y también a una familia en la que un hombre y, algunas veces su mujer, tienen que darle de comer a cuatro o seis hijos calzarlos y vestirlos.

Los ricos, muchas veces donan millones de dólares para ayudar a los muy pobres, además, como ya se ha dicho, por normas de la sociedad de libre empresa depositan su dinero en los bancos que usan esos dineros para prestarlo a gente de economía mediana para que puedan comprase un carro, o una casa y pagarlo a plazos cómodos. Y esta necesidad que tienen los ricos de poner su dinero en los bancos es parte de porqué hace falta que hayan ricos, que son los que saben acumular riquezas.

Los pobres no ponen negocios, pero los ricos sí. Ponen restaurantes y supermercados que crean empleos y al promover la competencia bajan los precios de los alimentos. Así funciona la economía de libre empresa. Es interesante pensar qué sería de una ciudad si en un momento dado los dueños de los restaurantes un buen día, sin previo aviso, cerraran sus puertas por un día y los que tienen la costumbre de almorzar o comer allí no encuentran nada que comer. Se pondrían furiosos. Entonces comprenderían que restaurante y sus clientes se necesitan ambos. Porque hay clientes que llegan a un restaurante y creen que porque ellos pagan la comida le hacen un favor al lugar y no se dan cuenta que el favor es mutuo.

Los ricos ponen tiendas de ropas y zapatos que de no existir la gente no tendría facilidades para comprarlos, como en épocas en que muchos andaban descalzos.

Los gobiernos tienen la obligación de poner hospitales y clínicas para darle vitales servicios al pueblo en general, pero casi siempre los mejores centros de salud los ponen empresas millonarias.

Otro punto interesante: cuando los que tienen mucho dinero se compran una casa lujosa, dan trabajo a los que construyen el edificio, a los que fabrican los ladrillos y demás materiales de construcción. Y si se compran un yate, lo mismo, reparten su dinero. Distribuyen la riqueza.

También distribuyen la riqueza los que construyen casas y edificios para alquilarlos y ganar dinero, aunque corren el riesgo de perder parte de su fortuna, pero así mismo crean puestos de trabajo entre los que fabrican los inmuebles y los materiales para construirlos, aunque lo hagan solo con la intención de ganar más dinero.

Algunos aportes importantes al desarrollo

SIN EMBARGO, HAY COSAS más importantes que aportan seres humanos muy especiales. Por ejemplo: durante muchos años hemos vivido sin refrigeradores, solo con una vieja nevera que apenas nos enfriaba el agua con un pedazo de hielo y no servía para conservar los alimentos y en especial las carnes.

En 1748 se dio a conocer la primera demostración de refrigeración en la Universidad de Glasgow y en 1902 se inventó el primer aire refrigerado hasta que en 1911 la empresa Generic inventó el primer aparato refrigerador que se patentó y se vende como los de hoy en día que nos enfría el agua a las mil maravillas y que conservan las carnes y los alimentos y que nos ahorra tiempo y dinero. Por supuesto ganaron millones de dólares. Acumularon riquezas, bien ganadas.

Willis Haviland Carrier
("26 de noviembre de 1876 - 7 de octubre de 1950)
Fue un ingeniero inventor estadounidense, y es reconocido como el hombre que inventó el acondicionador de aire. Es considerado, al menos parcialmente,

responsable del auge económico del sudeste americano, ya que su invención significó que la gente pudiera moverse en las áreas previamente inhabitables en los meses del verano. Carrier nació en Angola, Nueva York, a la orilla del Lago Erie, y heredó el amor de su madre para "ocuparse vanamente" con relojes, máquinas de coser y otros dispositivos de la casa. Amó las matemáticas y las estudió en cada oportunidad que tuvo, cuando no estaba enfrascado inventando sus propios dispositivos. Es más conocido como el hombre que inventó el aire acondicionado. En 1895 recibió una beca de la Universidad Cornell y se graduó en 1901 en ingeniería eléctrica. Después de la universidad, trabajó para Buffalo Forges Company, compañía que fabricaba calentadores, sopladores y dispositivos de extracción y escape de aires, en su departamento de ingeniería de calefacción para secar la madera y el café.

Carrier pronto desarrolló un mejor método de medir la capacidad de los sistemas de calefacción y fue nombrado director del departamento de ingeniería experimental de la compañía. En 1902, a los 25 años de edad ideó su primera invención importante, un sistema para controlar el calor y la humedad para Sackett Wihelms, compañía litográfica y de publicaciones en Brooklyn. La firma no había podido fijar los colores en ocasiones debido a los efectos del calor en el papel y la tinta. Carrier recibió en 1906 una patente por su método.

Cuando llegó la Primera Guerra Mundial, Buffalo Forge fue forjada a recortar gastos y eliminó su división de aire acondicionado. Carrier con seis colegas invirtieron 32.600 dólares en su propia compañía, Carrier Engineering Corporación. Algunos de sus primeros clientes fueron el Madison Square Garden y los departamentos del Senado de los Estados Unidos. Instaló el primer aire acondicionado en una casa en Minneapolis, Minnesota en el año de 1914. Carrier trasladó su compañía a Syracuse (New York) en 1930 y la compañía llegó a ser la que tenía más empleados en New York. En 1930 inauguró Tokio Carrier en Japón. Japón es ahora el mayor mercado de aires acondicionados del mundo.

La compañía fue primera en el diseño y fabricación de máquinas de refrigeración para espacios grandes. Aumentó la producción industrial en los meses de verano, el aire acondicionado revolucionó la vida en los Estados Unidos.

La introducción del aire acondicionado residencial en los años 1920 ayudó al comienzo de la gran migración a las zonas cálidas del sur. En el año 2000 Carrier Corporación tenía ventas de más de 8 mil millones de dólares y daba empleo a unas 45,000 personas.

También debemos recordar que Willis Haviland Carrier que un día sufría mucho calor, abrió el refrigerador y al recibir el aire frío se le ocurrió una idea genial: inventar el acondicionador de aire, aunque muchos dicen "voy a comprar un aire acondicionado" y dicen mal pues lo que van a comprar es un acondicionador del aire, no un aire acondicionado. Claro que Willis Haviland Carrier se hizo rico con su invento, pero ese ejemplo de que se hizo rico sirve para que otros hagan más inventos que puedan dar más calidad a la vida.

¿Qué es preferible que no haya inventado los aparatos que nos libran del calor y que no sea rico, o es preferible que el inventor de los aparatos que nos libran del calor sea rico y nosotros podamos dormir en verano sin el bochornoso calor?

Solamente por el hecho que estos inventores han dado a la humanidad esas comodidades merecen estar ricos, y su capacidad para inventar cosas sirva de estímulo para que otros sigan inventando, pues como ya hemos dicho el dinero de los ricos es lo que permite que la sociedad funcione para bien de todos.

Además los que no estén de acuerdo con estas ideas que se hagan ricos y repartan sus riquezas. Pero no estén proponiendo repartir las riquezas que otros han logrado, pues entonces se puede caer en un sistema tipo comunista, donde más se explota a los trabajadores y como ya hemos dicho, los líderes viven en la opulencia y asesinan a los que no se someten a esos sistemas, como pasa en Rusia, China, Corea del Norte, Cuba y otros países.

Para continuar y mantener la idea de que las riquezas están bien repartidas, tengamos siempre en mente que gracias a un tal Henry Ford, que no inventó el automóvil, pero produjo los primeros autos vendidos a precios increíble, ochocientos o mil dólares de promedio, y creó grandes fábricas en las que con el tiempo trabajan miles de personas y ganan salarios de hasta unos 30 dólares la hora.

Así que pensemos que si los Henry Ford no fueran ricos, o que no hayan existidos, nosotros en vez de tener un buen carro, usaríamos una buena bicicleta.

Es decir: *los ricos crean riquezas, valores, y además los debemos de imitar.*

Otro aspecto interesante de cómo parte de la gente analizan la repartición de la riqueza, lo podemos ver en forma muy singular, cuando un hombre de negocios se hace rico, muchos los critican, sin pensar si su negocio mejora el nivel de vida de sus clientes, o si crea empleos para los que necesitan trabajar. ¿Lo envidian?

Aquí debemos recalcar que el mundo progresa gracias a los hombres que ambicionan ganar dinero, ser ricos. Los políticos, generalmente, solo les interesa los cargos en que se gana buen dinero, como Senadores y Representantes y Presidentes del gobierno, que tienen buenos retiros.

Así mismo hay quienes critican que un hombre de negocios, trabajando duramente para dar servicios a sus clientes, durante largas horas de trabajo, invirtiendo su dinero comprando mercancías que muchas veces no logra vender, consiga al fin ganar dinero para vivir bien y tener un futuro mejor, para él y su familia.

Sin embargo, les parece muy bien que un boxeador gane millones de dólares en una noche dándole golpes a otro. Aquí aprovechamos decir que mientras haya peleas de boxeo no estamos civilizados debidamente, aunque el que estas líneas escribe es fanático del boxeo, me entretiene una buena pelea. Y en sus años juveniles subió al cuadrilátero, como aficionado, en tres ocasiones y no recuerdo bien si gané o perdí, esto me lo reservo. Aunque en mi última pelea, cuando salí del cuadrilátero y me miré en el espejo tenía la nariz tan lastimada que decidí terminar mi bachillerato y después estudiar ciencias políticas y ganarme la vida como tipógrafo y luego como periodista. Y más tarde como profesor universitario.

Así mismo cuando un jugador de pelota, que su mérito principal es darle un batazo a una pelota y "volar la cerca", gana cuatro a cinco millones al año, igual que un atleta que logra destacarse colocando un balón en una cesta, o jugando balompié, puede hacerse rico, de lo que nos alegramos aunque su trabajo principal en la vida es entretener durante unas horas a los aficionado a los deportes, mientras que otros descubren medicinas que le hacen bien a todo el mundo, curando a los enfermos, muchas veces ganan buen dinero, pero no para hacerse rico.

Lo que debemos analizar es si sus negocios han mejorado la forma de vivir de los demás.

Como ya hemos dicho que los que han hecho inventos han mejorado el nivel de vida, como los acondicionadores de aire, los sistemas de calefacción o facilitar que nos podamos mover en automóviles, como propició Henry Ford, que algunos lo criticaban, lo envidiaban por haber amasado una gran fortuna.

Aunque tiene una larga historia entre los hombres que lograron alcanzar ser muy ricos, uno de los más importantes valioso y generoso fue Thomas Alba Edison, el menor de cuatro hermanos, que nació el 11 de Febrero de 1847. De familia pobre, pasó muchas calamidades en la vida, de niño tuvo tropiezos en la escuela, pues cuando comenzó a asistir fue expulsado de las aulas, alegando su maestro falta de interés en estudiar y una torpeza manifiesta, comportamientos estos a los que no eran ajenos una sordera parcial que contrajo como resultado de un ataque de escarlatina. Por suerte su madre que había trabajado como maestra se hizo cargo de su educación, tarea que logró desempeñar con éxito pues logró inspirar en Thomas aquella curiosidad sin límites que lo llevó a ser uno de los más grandes inventores del mundo. A los diez años aprendió los rudimentos de la química y la electricidad.

A los 12 años se dio cuenta que no solo poseía capacidad creadora, sino agudo sentido práctico. Así que se dedicó a vender periódicos y chucherías en el tren que hacía el viaje entre Port Hurón y Detroit, con lo que ganaba dinero.

Muy joven, a los 16 años decide abandonar la casa de sus padres, pero no podemos en este breve ensayo, contar la biografía de este hombre sin duda superior.

Así que diremos que durante algunos años tuvo una vida errante, pero por suerte aprendió el oficio de telegrafista y como estaba en medio de la Guerra Civil le era fácil conseguir trabajo en su oficio. Esta guerra dejó más de un millón de muertos, pues el honesto Abraham Lincoln quería eliminar la esclavitud a lo que se oponían los Estados del Sur. Al fin se logró la unión de todos los Estados y eliminar la esclavitud.

En un momento que un amigo le dio alojamiento en el sótano de La Gold Indicator Co. que transmitía telegráficamente a sus abonados las cotizaciones neoyorquinas, a poco de su llegada el aparato trasmisor se averió lo que provocó muchas molestias. Edison se ofreció para arreglarlo, lográndolo con mucha facilidad. Como recompensa se le ofreció el mantenimiento técnico de todos los aparatos de la compañía. Como no le interesaban los trabajos rutinarios, muy pronto se dedicó a trabajar por su cuenta. Entonces recibió un encargo de la Western Union, la más importante compañía de esa época que le pidió construir una impresora efectiva de la cotización de valores en la bolsa. Su respuesta fue su primer gran invento: El Edison Universal Stop Printers. Le ofrecieron por el aparato 40.000 dólares, cantidad que le permitió instalar un taller bien equipado en Newark, Nueva York.

Como autodidacta, estudiando a través de los libros y revistas, adquirió conocimientos extraordinarios que le permitió perfeccionar el teléfono que había inventado Alexander G. Bell pero no era eficiente. Edison logró perfeccionarlo. Edison inventó el fonógrafo, que permitía gravar y reproducir la voz de los seres humanos y todos los sonidos. Esto de reproducir la voz humana es casi un milagro.

En 1879 dijo: "Yo proporcionaré luz tan barata que no solo los ricos harán arder sus bujías". Cumplió su promesa. Por eso podemos comprar bombillos tan baratos, por unos centavos, que nos permiten iluminar la casa por poco dinero, pero esto que desde niños estamos acostumbrados a verlo en la casa que no le damos la importancia que tiene.

Edison trasladó su laboratorio de Merlo Park a West Orange New Jersey. Allí creó un gran cetro tecnológico, el Edison Laboratory, hoy monumento nacional, en torno al cual levantó numerosos talleres donde trabajan más de cinco mil trabajadores. Se hizo rico, pero lo merecía. Gracias a Edison podemos disfrutar la vida mucho mejor. Gracias a él miles de obreros ganan salarios bien pagados, gracias al genio creador de un ser humano que llegó a poseer una gran riqueza. Falleció el 18 de Octubre de 1931.

La calefacción y Robert Bunsen

Robert Wilhelm Eberhard Bunsen fue uno de los químicos más brillantes y versátiles del siglo XIX, con aportaciones importantes, si no pioneras, en distintos campos de la química (espectrocopía, fotoquímica, compuestos órgano arsénicos, electrolisis) Además siempre se caracterizó por trabajar en equipo aunque él fuese la principal fuente de ideas. Así, por ejemplo, su descubrimiento del cesio y el rubidio por medios espectroscopios fue fruto de un desarrollo conjunto que hizo con Gustav Kirchhoff.

Cuando Bunsen se incorporó a la Universidad de Heidelberg en 1852 era ya un químico famoso. Como parte de la oferta de la universidad estaba la promesa de la construcción de un nuevo edificio para albergar su laboratorio, edificio que se terminó en la primavera de 1855. Dio la casualidad que en aquella época la ciudad de Heidelberg estaba instalando la iluminación de las calles con gas de coque (Gas de alumbrado) una mezcla de gases combustibles (hidrógeno., metano, etileno) obtenida de la destilación de distintos tipos de carbón. Bunsen especificó que su nuevo laboratorio debía estar equipado con esta nueva tecnología. En esta época los químicos usaban un amplio rango de combustibles como fuentes de calor en los laboratorios: lámparas de alcohol, aceites varios a toda la familia del carbón, incluido el carbón vegetal, por citar algunos. También habían probado con el gas de alumbrado pero no era de su agrado, producía más luz que calor suficiente. Bunsen llegó al origen del problema: el gas de alumbrado se quemaba de forma incompleta, era tan rico en combustible que su combustión al aire lo hacía muy luminoso pero no generaba el calor esperado porque la mayor parte se escapaba sin quemarse. Bunsen le dio unas cuantas vueltas a esta idea y como en él era habitual buscó un colaborador con quien llevarla a cabo.

En esta ocasión no tuvo que ir muy lejos para encontrarlo. En el otoño de 1854 describió al mecánico de la universidad, Peter Desaga, una forma de obtener una llama poco luminosa pero muy caliente además de limpia (sin hollín), simplemente mezclando el gas con aire de forma controlada antes de la combustión.

Él pensaba que el propio flujo de gas podía arrastrar el aire necesario a través de aperturas en la base de un cilindro metálico en posición vertical, en cuyo extremo superior se encendería la llama. Con esta idea general en la cabeza Desaga diseñó un prototipo que podría funcionar con seguridad para quién lo manipulase basándose en un diseño anterior de Michael Faraday.

El nuevo laboratorio, inaugurado al año siguiente, contaría con la última tecnología disponible en 1855, incluidos cincuenta mecheros Bunsen-Desaga. El mechero Bunsen-Desaga, sencillo, barato y muy eficaz, desplazó a sus competidores rápidamente convirtiendo los laboratorios de la segunda mitad del siglo XIX en lugares con mucho menos humo y más limpios, minimizando además las contaminaciones por restos de combustibles y contribuyendo a la homogenización de los procesos internacionalmente. Su llama ajustable con facilidad, caliente y limpia, era ideal para las operaciones de laboratorio. Los mecheros actuales mantienen el diseño de original de Desaga prácticamente inalterado.

Durante siglos cuando el rudo invierno se hacía sentir la única respuesta posible era hacerle frente al frío era preparando una fogata. En la mayoría de las viviendas en una esquina se separaba un espacio donde se colocaba carbón o trozos de maderas y luego se le daba candela, la gente se abrigaba lo mejor posible y a tratar de dormir. O hacer las actividades normales de una casa, reunirse para comer etc.

Se menciona el Quemador Bunsen, que lleva el nombre por Robert Bunsen, es un pedazo común de equipo de laboratorio que produce una sola llama de gas abierta, que se utiliza para la calefacción, esterilización y combustión. El gas puede ser gas natural (principalmente metano) o un gas licuado de petróleo, tales como propano, butano o una mezcla de ambos.

Cuando la Universidad de Heidelberg contrató a Robert Bunsen en 1852, las autoridades le prometieron construirle un edificio para laboratorio. Heidelberg se había precisamente dedicado a instalar alumbrado de gas carbón callejero por lo cual el nuevo edificio de laboratorio también fue calentado con gas. El laboratorio requería calefacción de gas así como iluminación. Para la calefacción era necesario aumentar la temperatura y reducir la luminosidad.

Gracias a los trabajos y las ideas de Bunsen y la colaboración de Peter Desaga. Michael Faraday así como un artefacto patentado en 1856 por el ingeniero de gas R. W. Eslner, todos podemos contar con calefacción casera. Con el tiempo la calefacción se ha extendido por todo los Estados Unido, y en la mayoría de los países del mundo y es fácil de manejar, aunque cuando hay mucho frío la cuenta de gas sube cerca de los trescientos dólares. Por supuesto que todos estos mencionados lograron alcanzar riquezas, pero lo merecían.

De paso es bueno recordar que gracias a un país, con los defectos que tiene y los errores cometidos, es el que posiblemente ha contribuido, más que ningún otro al progreso de la humanidad, es los Estados Unidos de América.

El posible mundo

DESDE QUE EL SER HUMANO aparece en la historia es básicamente un animal, con un cerebro poco desarrollado, como un músculo cualquiera, que apenas se comunican unos con otros con gruñidos y empujones. Claro, esto contiene un tanto de algo teórico, pero muy posible. Tras miles de años de tropezar con las necesidades del diario vivir, conseguir algo que comer, reproducirse, inconscientemente, pues algunos estudios hacen suponer que el ser humano le costó mucho trabajo comprender que al practicar su instinto sexual, la mujer quedaba embarazada, y se producía la multiplicación de la especie humana.

Según pasa el tiempo desarrolla cierta capacidad, hasta llegar al momento actual, en que sigue siendo un animal, que mata a los otros animales, y se los come, como se come las vacas, los pollos, los conejos, los cerdos, y en algunos países los gatos y los perros. Aunque ahora se comunica mejor, separado por las barreras de los idiomas. Pero no ha cambiado, mucho aunque lo que lo contiene un tanto son las leyes en los países más civilizados.

Si queremos pasarle le vista a lo que era el mundo en los años del descubrimiento del Nuevo Mundo, 1492, recodemos, un tanto, lo que era la Santa Inquisición, impuesta en España al concedérsela el papa Sixto IV a los reyes católicos Don Fernando e Isabel lo cual permitía que si el Inquisidor acusaba a un hombre de que este aunque decía que creía en Dios, mentía, y sin más lo condenaban a morir quemado vivo, entre alaridos espantosos de dolor, y luego su riqueza se la repartían a partes iguales entre don Fernando el Católico y el papa Sixto IV.

Dicen que la reina Isabel, no estaba de acuerdo con estos abusos, lo que también asegura el respetado historiador estadounidense William H. Prescot, autor del valioso libro "Historia de la Conquista de México", publicado en 1843, que relata el valor, la audacia y liderazgo de Hernán Cortés, el conquistador de México.

Por cierto que en definitiva, que yo sepa, nadie sabe dónde está enterrado Cortés, el creador de la nacionalidad mexicana, aunque esto no se ha reconocido oficialmente.

En ciertos momentos en la historia, en los 1800, aparecieron hombres como Carlos Marx, 1818-1883, alemán, un tanto filósofo, como sociólogo, y economista, fundador del "socialismo científico", que tiene poco de científico, pues puestas en prácticas esas ideas han culminado en un fracaso total. Marx redactó con Federico Engels el Manifiesto Comunista en 1848 y fue uno de los fundadores de la Primera Internacional.

Publicó su doctrina en "El Capital" publicado en 1867, argumentando que el capitalismo concentrando las riquezas en pocas manos obligaría a los trabajadores a tomar el poder, agrupados en organizaciones lo que crearía una sociedad colectivista. Todo estos posibles hechos de que los trabajadores impongan un sistema que cambie la sociedad, y que, sobre todo, sean los obreros los que tomen el poder, nunca se han llegado a producir. Al contrario, luego que los movimientos obreros apoyan líderes que toman el poder, estos los esclavizan, en sistemas fascistas, como el inventado por Benito Mussolini o sistemas comunistas como en Rusia, desde 1917, hasta el presente donde el pueblo no ha sido libre ni un solo día. En China, Corea del Norte, Cuba, y está a punto de ocurrir en los predios de Evo Morales, que va a aspirar al poder por cuarta vez, Correa en Ecuador, Maduro en Venezuela, todos bajo la orientación de los hermanos Castro, que como premio reciben la bendición del presidente Obama, que hasta ahora los ha complacido en todo sin recibir nada a cambio.

Como es evidente, siempre se ha interpretado mal la importancia de que haya hombres ricos y se les ha señalado como culpables de que haya otros pobres, lo cual en la práctica del devenir de la sociedad ha demostrado que no es cierto, al contrario, como hemos dicho, sino fuera por los ricos los pobres pasarían más miserias. Como se sabe, los dineros de los ricos estos los depositan en los bancos que luego prestan esos dineros a los que quieran comprar una casa, un automóvil o conseguir dinero para poner un negocio. Normalmente los padres preparan a sus hijos para que aprendan a "trabajar". Se preparan para aprender una profesión o un oficio. Y generalmente muchas familias se destacan porque los hijos siguen los oficios de sus padres o su profesión. De padres médicos, algunos de los hijos estudian medicinas, de obreros tabaqueros o de otros oficios, siguen la tradición familiar.

Para seguir con el tema de lo que es el hombre y lo que seguirá siendo por muchos siglos más, mencionemos unos cuantos nombres de los que llevaron a los seres humanos, en épocas más cercanas, alrededor de 1939-1945, a matarse por millones siguiendo los pensamientos de Hitler, político alemán que ganó el poder en elecciones en que la mayoría del pueblo alemán, considerado entre los más cultos de Europa, le dio el voto.

Ya dueño del poder Hitler basó su política en prometer llevar a cabo el exterminio de los judíos, uno de los pueblos que más ha contribuido al progreso de la humanidad, asesinándolos en campos de concentración y cámaras de gas, donde exterminó más de cuatro millones de seres humanos. A Hitler se le unió Benito Mussolini, estadista italiano, creador del fascismo. A la insania de Hitler se unió Japón bajo las órdenes del emperador Hirohito, que cometió el error de atacar Port Harbor sin declarar la guerra a los Estados Unidos, matando miles de marineros estadounidenses.

Esta acción militar evidentemente estúpida, dio pie para que cuando Japón no se quería rendir, el presidente de los Estados Unidos Harry S. Truman diera la orden de atacar dos ciudades japonesas, Nagasaki e Hiroshima, con bombas atómicas. Esta fue la primera vez que se usaron bombas atómicas, que causaron la muerte de miles de seres humanos, 80. 000 ese día, entre ellos mujeres, ancianos y niños, después 150.000 más al año siguiente por las secuelas. La lógica del presidente Harry S. Truman fue: "Las usamos para cortar la agonía de la guerra, para salvar la vida de miles de jóvenes estadounidense". Poco después Japón se rindió incondicionalmente.

La insania, la estupidez, de los gobernantes del mundo los ha llevado a producir en estos momentos 15. 695 bombas atómicas, con las cuales pueden borrar la vida en el planeta Tierra, o condenar a millones de seres humanos y animales a que mueran como secuela de una guerra atómica, viviendo y muriendo en forma espantosa.

Así podemos calcular la cantidad de ideas malsanas que se alojan en la mente de los más destacados políticos que mandan en este mundo. Parece que nos hemos acostumbrado a dormir con una bomba atómica bajo la almohada.

Si estamos al tanto de las noticias, los ataques terroristas nos dejan un saldo de cientos de muertos todos los días. La televisión nos muestra que por motivos religiosos encierran a un ser humano en una jaula y lo queman vivo y en nombre de dioses podemos ver en la televisión como ponen de rodillas treinta o más seres humanos, y por ser cristianos, ordenan a niños de diez o doce años que los asesinen disparándoles un balazo en la cabeza, en nombre de dioses, que nadie puede demostrar que existen.

Hace una década en una operación costosa, de millones de dólares, volaron las Torres Gemelas en Nueva York, asesinando a más de tres mil seres humanos, de distintos países, que murieron quemados vivos bajos los escombros en pocos minutos.

Los asesinos vinieron a los Estados Unidos, aprendieron a manejar aquí los aviones comerciales en lo que tardaron meses y a costos de miles de dólares. Después ocuparon los asientos de primera clase y se apoderaron de cuatro aviones repletos de pasajeros. Dos de los aviones los estrellaron contra las Torres Gemelas, despedazando las torres y a los pasajeros de los dos aviones y a más de tres mil seres humanos que trabajaban en esas torres. Otro avión lo estrellaron sobre el Pentágono, ocasionado la muerte de cientos de personas, entre militares y pasajeros del avión.

El hombre usa la poca inteligencia que la casualidad le dio en cometer toda clase de crímenes y salvajadas, en nombre de ideas religiosas o en la lucha por el poder. Un cuarto avión que posiblemente iba rumbo a la Casa Blanca, se ha dicho que cayó a tierra, aunque hay rumores de que fue derribado por aviones de guerra de los Estados Unidos.

El que la humanidad, los millones de seres humanos que habitan la Tierra puedan vivir mejor, comer mejor, estudiar y mejorar sus conocimientos y ganar más dinero, es el objetivo para que el mundo sea una lugar mejor para vivir, pero estos planes, los mejores posibles, solo se podrán lograr, como se sabe y se ha dicho, si los derechos humanos y las leyes se hagan pensando en el mayor bien para todos, aceptando que cada cual ha de recibir los beneficios de su trabajo si es capaz de hacerlo cada vez mejor, pero solo se logrará que el mundo progrese sobre la base de que necesitamos tanto a los sabios que descubren nuevas medicinas para curar las enfermedades, a los médicos, dentistas, abogados, como a los comerciantes y a los que saben acumular riquezas.

Nada de teorías sobre crear "un hombre nuevo", pues el hombre básicamente siempre será lo que es: fanático religioso, egoísta, envidioso, normalmente poco inteligente, que en vez de sentirse alegre si ve que su vecino se compra un carro nuevo, sufre, pues él no tiene un carro nuevo. En cambio el de mente sana cuando ve que su vecino mejora, también se pone alegre, el envidioso no, esa es su condena.

Aquí quiero señalar una experiencia que alcance en mis días de estudiante. Algunos alumnos que no eran muy brillantes, que les costaba trabajo aprender, con el estudio y obligando al cerebro a pensar, mejoraron su inteligencia. Es decir, según mi experiencia, el estudio mejora y hace al estudiante más inteligente.

El que estudia y aprende logra ser más inteligente.

Breve conclusión

Siempre, lamentablemente, habrá hombres altos y bien parecidos, otros no. Mujeres bellas y hermosas, otras no. Lo único que podrá hacer feliz a todos, es que cada cual trate de perfeccionar y mejorar su personalidad y si es agradable, no importa como vino al mundo, será un triunfador.

Aquí damos por terminado el libro en el que afirmamos que:

LAS RIQUEZAS ESTÁN BIEN REPARTIDAS.

Acerca del autor

Emilio Martínez Paula nació en el Hospital General Calixto García, en La Habana, Cuba. Se enfrentó al golpe militar de Batista el 10 de Marzo. Fue fundador de la Triple AAA, bajo la dirección del profesor Aureliano Sánchez Arango. Participa con Jorge Tallet, Carlos Franqui y otros compatriotas en la publicación de LIBERACIÓN, el primer periódico clandestino contra la dictadura de Batista.

Acude al llamado del profesor García Bárcenas y en reunión celebrada en el Aula Magna de la Universidad de La Habana fundan el Movimiento Nacional Revolucionario, para oponerse a la dictadura de Batista.

Se enfrenta a la sangrienta tiranía de Fidel Castro y de nuevo milita en la Triple AAA y en Unión Radical Anticomunista URA. Abandona la isla en forma clandestina en 1964. Es fundador de Alpha 66, en San Juan, Puerto Rico, donde inicia una larga campaña a favor de la libertad de Cuba, desde las páginas de "El Imparcial", el diario de mayor circulación en Puerto Rico en esos momentos. Además participa con numerosos compatriotas en diversas actividades con organizaciones de cubanos, asentados en Puerto Rico.

Poco después, radicado en Houston, es profesor emérito de St. Thomas University, donde imparte clases de periodismo, literatura y español. Posee un doctorado en Ciencias Políticas.

En 1979 edita en Houston el periódico INFORMACIÓN. Es miembro del Colegio Nacional de Periodistas Cubanos, del Círculo Cultural Panamericano, del Pen Club, miembro de NÚMERO de la Academia Norteamericana de la Lengua Española (ANLE), correspondiente de la RAE, de la Asociación Colombiana de Periodistas Profesionales y Presidente de la Academia de la Historia de Cuba. Sus artículos se publican en numerosos periódicos de los Estado Unidos.

www.ingramcontent.com/pod-product-compliance
Lightning Source LLC
Chambersburg PA
CBHW030524290526
45786CB00004B/1603